Angoulême. — Imprimerie Charentaise de A. NADAUD et C*,
rempart Desaix, 26.

ERNEST GELLIBERT DES SEGUINS

Président de la Société archéologique et historique de la Charente
et de la Société d'agriculture, sciences, arts et commerce de ce département
Député au Corps législatif
Membre du Conseil général administrateur des Hospices
Chevalier de la Légion d'honneur etc etc

Né à Toulouse le 27 Février 1825
Mort à Champrose (Charente) le 2 Octobre 1868

INAUGURATION DU PORTRAIT

DE

E. GELLIBERT DES SEGUINS

Député au Corps législatif,
Président des Sociétés archéologique et d'agriculture de la Charente,
Membre du Conseil général de ce département,
Administrateur des hospices, Chevalier de la Légion d'honneur, etc., etc.

FAITE A L'HOTEL DE VILLE D'ANGOULÊME

Le 15 décembre 1869

PAR LES SOCIÉTÉS ARCHÉOLOGIQUE ET D'AGRICULTURE RÉUNIES

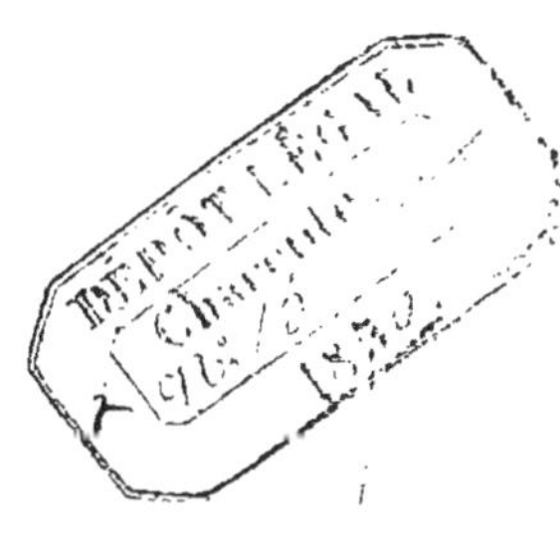

A ANGOULÊME

CHEZ F. GOUMARD

Libraire de la Société archéologique et historique de la Charente

RUE DU MARCHÉ, N° 9

M DCCC LXX

L E mercredi 15 décembre 1869 , à une heure et demie de l'après-midi, a eu lieu , à l'hôtel de ville d'Angoulême, une séance extraordinaire des Sociétés archéologique et d'agriculture de la Charente , réunies sous la présidence de M. Othon Péconnet, préfet de ce département, pour rendre un hommage public à la mémoire de M. E. Gellibert des Seguins, leur président, et procéder à l'inauguration de son portrait, exécuté à frais communs.

Une assistance nombreuse et recueillie, répondant à l'appel des deux compagnies, remplissait la salle dite des Sociétés savantes. On remarquait parmi les personnes présentes : M. Paul Sazerac de Forge, maire d'Angoulême ; M. l'abbé Cousseau , vicaire général ; M. le procureur impérial et ses substituts ; la plupart de MM. les membres du conseil général du département ; MM. les directeurs des différents services ; M. le proviseur du lycée et une députation d'élèves ; un très grand nombre de membres des Sociétés archéologique et d'agriculture. — MM. les députés, retenus à Paris par les travaux de la session législative, s'étaient excusés par lettre de ne pouvoir assister à la solennité du jour.

Après l'ouverture de la séance, M. Clément Prieur, secrétaire général de la Société d'agriculture, a donné communication d'un rapport dans lequel M. Ernest Chasseignac, vice-président de cette société, a rendu compte des décisions successives qui ont été prises pour honorer la mémoire de M. Gellibert des Seguins.

Deux discours ont été prononcés : l'un par M. Eugène de Thiac, président de la Société d'agriculture; l'autre par M. G. Babinet de Rencogne, président de la Société archéologique.

Nous reproduisons en leur entier tous ces documents, qui rappelleront à la postérité les regrets profonds et unanimes qu'a laissés après lui le chef éminent dont nous déplorons encore la perte prématurée.

G. B. DE R.

I

RAPPORT DE M. CHASSEIGNAC

VICE-PRÉSIDENT DE LA SOCIÉTÉ D'AGRICULTURE

Le 15 novembre 1868, au moment où la Société d'agriculture de la Charente reprenait le cours de ses travaux interrompus par les vacances, les esprits étaient en proie aux plus vives préoccupations et sous l'impression de l'événement cruel qui venait de frapper le département tout entier. L'honorable M. E. Gellibert des Seguins avait été enlevé en peu de jours à l'affection de sa famille et aux sympathies unanimes dont il était entouré. Cette mort si inattendue, et que le concert général de regrets qui l'accueillit élevait à la hauteur d'un deuil public, devait avoir, en effet, un retentissement plus profond encore dans le sein d'une compagnie dont M. Gellibert était à la fois le soutien et l'orgueil. Aussi M. E. Chasseignac, vice-président de la Société, ne fit-il que se rendre l'interprète du sentiment de tous en proposant à l'assemblée de donner à la mémoire de celui qui lui avait été si cruellement ravi un témoignage solennel de son affection

et de ses sympathies. Ce fut sous l'empire de ces
sentiments que la Société votait dans cette séance
du 15 novembre, d'acclamations et à l'unanimité,
les résolutions suivantes, présentées au nom de son
bureau :

1° Avant toute autre délibération, il sera consigné
au procès-verbal de la séance une déclaration des
regrets douloureux et unanimes qu'a excités dans
le sein de la Société le coup terrible qui vient de la
frapper ;

2° Un extrait de cette délibération sera transmis
à la famille de l'honorable M. Gellibert des Seguins ;

3° Afin de donner à la mémoire de son cher et
regretté président un témoignage durable de sa
gratitude et de son affection, la Société décide, en
outre, qu'il sera ouvert parmi ses membres une
souscription, dont le produit sera consacré à faire
exécuter soit un buste en marbre, soit un portrait
à l'huile de l'honorable député de la Charente.

Pour donner à ces résolutions la suite qu'elles
comportaient, le bureau de la Société s'empressa
de désigner une commission de vingt-quatre membres, qui devait pourvoir au moyen de réaliser le
vote de la Compagnie en ce qui concernait le buste
ou le portrait à l'huile.

Cette commission se réunit le 12 janvier, sous
la présidence de M. E. Chasseignac, dans le cabinet
de M. le maire d'Angoulême. Là, après une discussion animée à laquelle prirent part plusieurs personnes de la réunion, il fut définitivement arrêté

que l'hommage offert par la Société à la mémoire
de son si regretté président, consisterait en un portrait à l'huile de grandeur naturelle, représentant
M. E. Gellibert des Seguins en costume de député
au Corps législatif; que l'exécution de cette œuvre
serait confiée à un artiste de Paris d'un mérite
éprouvé, et qu'enfin, pour couvrir la dépense, il
serait ouvert parmi les membres de la Société une
souscription dont le minimum fut fixé à 5 fr. par
personne; il fut décidé, en outre, que la liste des
souscripteurs serait publiée.

Une sous-commission, composée de MM. de Thiac,
de Rencogne et Mathieu-Bodet, serait chargée, de
concert avec le bureau, de surveiller et d'assurer
l'exécution des dispositions qui précèdent.

Dans l'intervalle, la Société d'archéologie, dont
M. Gellibert était également le président, avait ré-
solu une manifestation du même genre, et, par l'in-
termédiaire de son honorable président, M. G. de
Rencogne, elle était venue proposer au bureau de la
Société d'agriculture de réunir les efforts des deux
compagnies et de contribuer en commun à la dépense
de l'œuvre.

Cette proposition, qui était inspirée par des sentiments égaux de gratitude et d'estime, reçut l'accueil
cordial et empressé dont elle était digne.

Un artiste des plus recommandables par son
talent et son expérience, M. Timbal, dont les toiles
avaient été souvent remarquées dans les expositions
publiques et couronnées à la suite des concours,

voulut bien accepter la mission qui lui fut offerte au nom des deux sociétés, et c'est à son habile pinceau que nous sommes redevables de la reproduction fidèle de la noble et sympathique figure de celui qui avait su conquérir dans le pays une si légitime popularité.

M. Timbal, de son côté, en artiste de cœur, a voulu s'associer par son désintéressement aux sentiments qui avaient présidé à cette manifestation. Son œuvre, qui se recommande à la fois par une ressemblance aussi parfaite que possible et par l'excellence de l'exécution, lui donne des droits incontestables à la reconnaissance des deux sociétés, dont il recevra très prochainement le témoignage officiel.

Le Vice-Président de la Société d'Agriculture,
Président de la Commission,

E. CHASSEIGNAC.

II

DISCOURS DE M. E. DE THIAC

PRÉSIDENT DE LA SOCIÉTÉ D'AGRICULTURE

Il y a bientôt vingt ans, un professeur du lycée d'Angoulême, M. Ruelle, fit, à l'occasion d'une distribution de prix, une étude fort intéressante sur tous les hommes qui, à divers titres, avaient illustré notre pays, et qu'il nomma *les gloires de la Charente !*

Si cette étude avait été faite de nos jours, le nom de M. Gellibert des Seguins eût été assurément ajouté à tous ces noms glorieux, et loin de les déparer, il en eût augmenté l'éclat.

En effet, M. Gellibert des Seguins, si cruellement enlevé à la fleur de l'âge, qui a laissé au sein des populations charentaises de si vives empreintes, se recommande à l'estime et à la reconnaissance publiques par de sérieux travaux, que rehaussent un caractère aussi noble qu'indépendant, un esprit aussi éminent que cultivé, et les plus hautes vertus privées.

De telles qualités sont, Messieurs, comme certaines fleurs qui parfument ceux qui les approchent.

M. Gellibert des Seguins était si heureusement doué qu'il offrait en lui, par une rare exception, le penseur, le philosophe, le moraliste ; les difficultés de la politique, les problèmes de l'économie sociale, ont été traités par lui avec une grande autorité ; en outre, il était versé dans la science archéologique et dans l'étude des belles-lettres, où il s'est montré écrivain correct, saisissant et plein de ressources.

Sa nature, on le voit, reflétait les aspects les plus variés d'une civilisation avancée, et chacun de ces aspects pourrait fournir de précieux éléments pour une étude spéciale.

Mais vous ne devez attendre de moi que quelques souvenirs rappelant son action et son influence sur la marche de la Société d'agriculture.

Ma tâche est difficile pour faire revivre à vos yeux cette touchante et utile personnalité ; mais en relisant ce qui est tombé de sa plume, en recherchant tout ce qu'il a fait ou voulu faire, j'ai senti naître en moi le désir de devenir meilleur en toutes choses ; je vous dois donc des remerciements pour la mission que vous m'avez confiée.

M. Gellibert des Seguins avait une physionomie douce et sympathique, sa bienveillance était extrême, son urbanité parfaite ; il avait retenu de sa famille les anciennes traditions, si rares aujourd'hui, de la politesse française.

Son père, élève distingué d'une célèbre école, avait conquis le grade de général d'artillerie, après avoir pris part aux luttes gigantesques du premier Empire.

Son oncle avait été député de la Charente et maire d'Angoulême; nos annales signalent son passage par d'importants travaux à la présidence de la Société d'agriculture dans les années 1835 à 1842.

Son père et son oncle avaient préparé sa jeunesse d'une manière virile, de même que, dès son berceau, il avait reçu de sa mère, une sainte femme, la foi la plus ferme.

Il fit à Vaugirard ses études classiques sous la direction de M. l'abbé Cruice; la forme si élégamment littéraire de ses discours a constaté le fruit qu'il avait retiré de ses études; précieux enseignement pour tous, Messieurs, l'intelligence, comme la terre, cesse d'être réfractaire aux persévérants efforts.

Il étudia le droit à la Faculté de Toulouse, patrie adoptive de son père, et il se disposait à entrer dans la magistrature, lorsqu'il vint, en 1851, dans la Charente pour contracter une union qui, à tous les points de vue, lui offrait un avenir bien doux à son cœur; il était alors âgé de vingt-six ans.

Ainsi, depuis 1851 jusqu'au moment où sa vie fut si tristement brisée, ses plus belles années se sont écoulées dans la Charente. C'est là qu'il s'est épris d'un profond amour pour notre pays; c'est là où les glorieux souvenirs du passé, les émouvants

spectacles du présent et les espérances fécondes d
l'avenir ont été médités et étudiés par lui.

Cette nature d'élite devait infailliblement frapper l'esprit de nos populations charentaises, si sen-
sibles à ce qui est bien, à ce qui est beau ; aussi,
lorsque son père, le général, résigna ses fonctions
au Corps législatif, où il représentait la Charente,
son fils fut appelé en 1859 à le remplacer.

M. Gellibert des Seguins, à l'occasion de son
mariage, s'était fixé sur son domaine de Champrose ; là, ne se bornant pas à développer les théo-
ries de la science, il s'est livré à des travaux
d'amélioration qu'il a dirigés lui-même.

C'est à Champrose qu'il venait passer les loisirs
que lui laissait la politique, et c'est dans la Charente que ses aspirations pour la vie rurale rece-
vaient ses plus vives expansions.

La Société d'agriculture fut donc bien inspirée
lorsqu'elle lui offrit, en 1863, la présidence. Cet
honneur, périlleux pour tout autre, fut pour lui
l'occasion de mettre en grand relief les plus émi-
nentes et les plus précieuses qualités.

Vous l'avez vu, Messieurs, à l'œuvre : il a donné
à la Société son temps, son intelligence, tout son
dévouement ; il était le premier à la peine, il est
juste qu'il reste le premier à l'honneur.

Vous n'avez pu oublier, Messieurs, avec quelle
mesure, quel tact il dirigeait les débats, l'heureux
choix de ses expressions et ses judicieuses remarques.

On le voyait chaque jour se livrer aux investigations de toutes sortes ; rien ne lui a coûté, ni sacrifices d'argent, ni démarches, ni soucis, pour faire revivre ce qu'il croit oublié, pour donner certain éclat à ce qu'il juge utile au développement des intérêts généraux de la Charente.

Ainsi, pour les vins, il convie les viticulteurs à des expositions ; il veut que leurs productions se manifestent par des concours, et comme, à ses yeux, la science doit toujours éclairer la pratique, il fonde un prix important pour le meilleur traité des vins de la Charente.

Il fait plus, il établit une pépinière de vignes, afin que les cépages y soient étudiés au point de vue du sol et du climat charentais, et qu'on puisse y trouver plus tard les sujets que réclamera le renouvellement des vignobles.

Avant lui, les concours de la Société se tenaient uniquement dans l'arrondissement d'Angoulême. L'action lui paraît restreinte ; c'était, en effet, l'esprit de clocher qui rapetisse toutes les questions, qui affaiblit toutes les individualités ; il pense dès lors que des horizons agrandis produiront plus de bien, et la Société, qui se plaît à le suivre dans sa marche progressive, décide que chaque arrondissement de notre département aura tous les ans à son tour un concours départemental.

On doit reconnaître que cette pensée a été féconde, et le concours départemental de Ruffec vient récemment de le constater.

Il a assisté en personne à tous les concours et

comices que la Société a tenus pendant la durée de sa présidence.

C'est ici, Messieurs, que se révèle d'une façon éclatante la distinction d'un grand esprit qui s'est familiarisé par la méditation et l'étude avec toutes les questions, qu'elles soient politiques ou économiques, morales ou philosophiques, ou qu'elles touchent à la science agricole.

Il prend la parole pour la première fois à Montbron, en 1863.

Puis à Angoulême, en 1864.

Puis, en 1865, dans la même année et à quelques jours de distance, à Blanzac et à Barbezieux.

Également, en 1866, à Saint-Amant-de-Boixe et à Confolens.

Enfin, dans l'année 1867, à Rouillac et à Châteauneuf.

Partout ses enseignements sont donnés sous les formes les plus littéraires et dégagées de toute vulgarité ; tout y est digne et austère !

Les populations émues et charmées en conserveront un long souvenir.

Je me reprocherais, Messieurs, de ne pas retracer ici quelques-uns de ses enseignements sous leur forme originale ; si le style est l'homme, son âme apparaît majestueuse et belle, et on ne peut que s'incliner devant cette nature si fine, si délicate, si essentiellement droite et si honnête.

A Montbron, il explique les avantages des concours agricoles en ces termes :

« Ce ne sont pas des fêtes stériles ne laissant
« après elles que des souvenirs indécis et confus.
« Tout progrès naît de la comparaison et de
« l'exemple, et croyez-vous qu'il soit indifférent
« de réunir au sein de nos campagnes propriétaires
« et colons, agriculteurs et industriels, hommes
« d'étude et hommes de pratique, qui, tous inspirés
« par le même amour du bien public, s'interrogent
« avec bienveillance sur la situation d'un can-
« ton, constatent les améliorations réalisées, s'en
« emparent et les vulgarisent ensuite.

« Il importe à la gloire et au bonheur d'un peuple
« qu'aucune de ses forces vives ne demeure impro-
« ductive. Sans doute, il est beau d'avoir le courage
« héroïque qui fait gagner les batailles et qui assure
« la suprématie dans le monde, la science qui ar-
« rache un à un ses secrets à la création, le génie qui
« éclaire et qui élève les âmes ; mais il faut aussi,
« lorsqu'on veut marcher à la tête de la civilisation,
« ne pas être les tributaires de nations rivales et
« jalouses ; il faut avoir forcé la nature à nous livrer
« tous ses trésors et avoir ainsi exilé de chez soi la
« disette et la pauvreté.

« Et ne croyez pas que le progrès que nous pour-
« suivons soit simplement matériel. Tout se lie et
« tout s'enchaîne ; en fertilisant nos champs nous
« préparons une double moisson, car en délivrant
« le corps nous affranchissons l'esprit. Les idées
« s'échangent et se propagent ; les voies de communi-
« cation donnant passage aux âmes aussi bien qu'aux

« corps, l'instruction se généralise ; à la porte de la
« plus humble chaumière l'école s'ouvre pour l'en-
« fance. — Le livre devient alors l'un des besoins de
« la famille, et avec lui s'ouvre pour les intelligences
« un vaste monde de pensées et de sentiments. Sans
« doute, le danger est à côté du bien, car l'intelli-
« gence mal cultivée produit des fruits amers. Mais
« le feu qui incendie doit-il faire éteindre le feu qui
« réchauffe ? La vapeur qui éclate et qui tue doit-
« elle faire proscrire la vapeur qui, se substituant
« à la faiblesse des forces humaines, devient la
« grande force motrice de notre siècle ?

« L'agriculture devient l'étude préférée et la
« passion des grands esprits ; les expériences se
« poursuivent partout avec ardeur ; les sciences
« interrogent la nature, et la nature leur répond :

« A l'œuvre, travailleurs de la grande famille
« humaine ! l'oisiveté est une honte et une lâcheté.
« Nous avons tous ici-bas notre sillon à tracer ;
« semons la bonne semence, nous et nos enfants
« après nous récolterons de riches moissons. »

Au concours d'Angoulême, M. Gellibert des Seguins regrette l'absence d'écoles pour l'agriculture
et il s'écrie :

« Et l'agriculture, où sont ses facultés ? où sont
« ses grades ? où sont ses écoles ? où est sa loi d'en-
« seignement ? sa charte universitaire ? Il y a là,
« dans l'enseignement donné par l'État, la plus
« regrettable de toutes les lacunes, aussi en sommes-
« nous encore à cet état singulier où le jeune homme

« qui sort du collége ignore complétement qu'il
« peut y avoir honneur et profit à se mettre à la
« tête d'une exploitation agricole.

« L'enseignement agricole étant fondé, que reste-
« rait-il à souhaiter aux populations rurales, si en-
« couragées et si honorées de nos jours, sinon le
« perfectionnement des qualités morales qui ren-
« dent l'homme vraiment digne du bonheur, et qui
« sont surtout nécessaires à une époque où les droits
« des citoyens sont le patrimoine sacré de tous ? Ai-je
« besoin de rappeler le respect de la loi, l'amour
« profond de la patrie, la déférence envers l'auto-
« rité qui a le fardeau et la responsabilité du pou-
« voir, la conscience enfin et la dignité dans les actes
« de la vie publique ?

« Agriculteurs, il n'est pas sans dangers pour
« vous cet exercice de la vie politique, et il vous
« expose à bien des flatteries, à bien des mensonges.
« Tenez-vous en garde contre les séductions d'un
« nouveau genre qui, exploitant votre bonne foi,
« s'imposent à vous par mille moyens ; faites tou-
« jours triompher l'honnêteté, repoussez avec indi-
« gnation la calomnie et flétrissez l'intrigue ; n'ac-
« cueillez que les hommes qui savent se respecter
« eux-mêmes.

« Ce n'est pas seulement la profondeur d'un
« sillon, le choix d'un cépage, l'emploi d'un instru-
« ment, l'amélioration d'une race qui constituent le
« progrès agricole. On le prépare aussi et on l'assure
« en combattant hardiment tout ce qui peut abais-

« ser l'âme de l'agriculteur ou obscurcir en lui la
« notion du juste et de l'honnêteté. »

Au concours de Barbezieux, il applaudit aux
traités de commerce si vivement attaqués aujour-
d'hui, mais que votre Société défendra résolûment,
interprétant en cela les vœux de notre regretté président, qui dit dans son discours :

« Jetez un coup d'œil rapide sur l'histoire écono-
« mique de ces dernières années, vous y verrez une
« législation prévoyante se prêter aux besoins divers
« et multiples de nos relations commerciales, encou-
« rager et développer l'association, ouvrir enfin
« de larges voies, et émancipant résolûment l'in-
« dustrie, la placer sous la garde tutélaire de la
« liberté. Certes, il a fallu une grande énergie pour
« ne pas se laisser arrêter par les plaintes, les
« frayeurs, les résistances, et surtout par quelques
« intérêts privés mis en souffrance. »

A Saint-Amant-de-Boixe, il prononce un discours
où il fait ressortir les avantages de la paix et de la
vapeur.

Écoutez, Messieurs, ces réflexions saisissantes et
pleines d'éloquence, et cette prosopopée si remarquable où l'imagination s'allie si bien à la vérité :

« Le souvenir des graves et sanglants événements
« dont l'Europe vient d'être le théâtre et qui ont
« éveillé de si unanimes et de si douloureuses anxié-
« tés, rend plus vives et plus douces les impressions
« que fait naître cette fête agricole. Pendant le cours
« de cette heureuse journée, lorsque sous nos yeux

« charmés se déroulaient ces fertiles campagnes, ma
« pensée irrésistiblement entraînée franchissait le
« Rhin, s'attristait à la vue de plaines désolées par le
« terrible fléau de la guerre, comparait cette désola-
« tion avec cette prospérité ; et ce contraste saisis-
« sant d'agitations et de désastres, d'armées formi-
« dables s'entrechoquant sur les champs de bataille,
« de peuples se décimant et ouvrant leurs foyers au
« deuil et à la ruine, avec le calme de nos champs,
« le développement de nos richesses, m'a fait mieux
« sentir encore et les bienfaits de la paix et la
« sagesse de notre politique.

« J'en appelle à vous tous, propriétaires et culti-
« vateurs qui connaissez le vide que fait à la charrue
« comme au foyer domestique l'enfant qu'enlève la
« guerre, n'est-il pas vrai que la paix est dans vos
« vœux ? N'est-il pas vrai que la paix, c'est la vie
« même de l'agriculture ?

« Propriétaires privilégiés, vous n'avez qu'à ou-
« vrir vos celliers et vos chais, la grande force, la
« vapeur, est là à votre porte.

« Lorsque, sillonnant vos campagnes, elle fait
« retentir de sa voix puissante vos riantes vallées,
« ne comprenez-vous pas cet appel fait à votre éner-
« gie, à vos intelligents efforts, à votre courageux
« travail ? Ne vous dit-elle pas, cette voix aux
« accents fiévreux et impatients : Je suis l'esclave
« domptée et soumise de la civilisation ; enchaînée
« par la science, j'appartiens au travail dont je
« décuple la valeur. Produisez, travailleurs, pro-

« duisez ! Devant moi les distances s'effacent, les
« barrières s'abaissent ; je suis l'invasion pacifique.
« Sur mes ailes de feu j'emporterai vos merveil-
« leux produits aux quatre coins du monde, et en
« échange de ces eaux-de-vie, honneur de la patrie
« charentaise, en échange de ces vins francs, sains
« et savoureux, je vous rapporterai et l'or de l'An-
« gleterre, devenue votre tributaire, et les richesses
« des peuples les plus lointains.

« Entendez cette voix, Messieurs, c'est celle du
« génie moderne ; produisez sans relâche.

« Ah ! je le sais et je m'en attriste, il est une école
« impitoyable qui regarde l'abondance comme une
« cause de dépréciation des valeurs et qui la repousse,
« au nom de je ne sais quelle augmentation de la ri-
« chesse, comme une difficulté et un obstacle ; elle
« est la sœur de cette secte sans entrailles qui a osé
« proclamer la *dépopulation* un élément de prospé-
« rité. Si c'étaient là les vrais enseignements de la
« science, je m'éloignerais d'elle comme d'un arbre
« aux fruits empoisonnés, et me réfugiant dans la
« sainte ignorance des cœurs droits et compatis-
« sants, je fermerais l'oreille aux discours de doc-
« teurs égoïstes qui ne veulent ni s'attendrir aux
« anxiétés de la misère, ni entendre les cris déses-
« pérés de la faim. Mais il n'en est rien. La science
« ne procède pas seulement de l'intelligence, sujette
« au doute et à l'erreur ; elle plonge aussi profon-
« dément ses racines dans le cœur de l'humanité,
« et dans l'abondance elle salue le bienfait de la

« Providence, le sourire même de Dieu visitant le
« pauvre et apportant dans la chaumière et dans
« la mansarde les rayons du soleil éternel, les
« douces influences du présent assuré, de la recon-
« naissance et de l'espoir ! »

Au concours de Châteauneuf, dernier concours
où sa voix a été pour nous tous le chant du cygne,
il salue Cognac en termes vraiment charmants et à
la façon d'Horace lui-même, dont il va parler, bien
qu'il me paraisse, dans l'antiquité, être plus particulièrement le disciple de Tibulle :

« Je te salue, Cognac, de la voix et du cœur, Co-
« gnac chanté par les poètes, appelé par Saint-Gelais
« le second paradis, et qui, après avoir été le ber-
« ceau d'une race de rois, as su placer dans tes
« vaillantes mains le sceptre de la richesse conquise
« par le travail et par le gain des grandes entre-
« prises.

« Nous sommes aux lieux où la vigne règne en
« souveraine.

« Le poète charmant, ami de Mécène et favori
« d'Auguste, Horace, le philosophe doux et facile,
« le chantre des vignobles de Falerne et des coteaux
« de Formies, des vins de Cécube et de Calès, s'il eût
« vécu à notre âge, aurait célébré en vers harmo-
« nieux et immortels notre noble Champagne, à la
« liqueur généreuse et parfumée, inconnue de l'an-
« tiquité, et que, sans licence, sinon sans ivresse
« poétique, il eût certainement nommée le *nectar*
« *des dieux.* »

Il me serait doux, Messieurs, de multiplier les citations, mais je dois à l'honorable président de la Société archéologique que vous allez entendre d'abréger, et pourtant dans tous ces différents discours comme dans ceux prononcés à Blanzac, à Rouillac, à Confolens, les meilleurs préceptes abondent, les considérations de l'ordre le plus élevé s'y rencontrent, toutes les questions sociales y sont abordées dans un style élégant et correct et que nulle défaillance ne trahit.

La famille a, je crois, l'intention de réunir en un seul volume ces différents discours; nous ne saurions trop l'y encourager. Ce livre sera bientôt dans toutes les mains, et tous les esprits amis des lettres et du goût le liront, émus et reconnaissants.

La Société, Messieurs, était heureuse d'avoir confié ses destinées à cet homme de talent, qui portait partout son étendard avec tant d'éclat. Elle l'aimait, elle applaudissait à ses succès; elle savait que les intérêts généraux de l'agriculture comme ceux de la patrie avaient en lui le défenseur le plus noble, le plus désintéressé, le plus dévoué.

Mais cette joie ne fut que passagère ! Le 3 octobre 1868, notre si digne président nous fut enlevé brusquement à peine âgé de quarante-trois ans, car il était né le 27 février 1825.

Sa mort fit dans le pays une profonde et vive impression, et les lettres, les arts, les sciences pleurèrent avec nous cette perte si regrettable et si prématurée.

L'honorable M. André, au nom de notre Société, du conseil général et du Corps législatif, lui adressa de solennels adieux : « L'autorité de sa discussion « et de ses conseils, » dit-il, « l'urbanité si parfaite « de ses relations, laisseront longtemps un vide re- « gretté au sein du conseil général et de la haute « assemblée politique, dans laquelle il avait une « place chaque jour plus appréciée. »

A son tour, M. Paul Sazerac de Forge, maire d'Angoulême, et également notre honoré collègue, vint, en termes bien touchants, confirmer ce qu'il y avait de bon et de compatissant dans cette âme si tendre. Visitant avec lui les salles de l'hospice, dont il était administrateur : « Ne craignez jamais d'a- « buser de moi dans l'intérêt des pauvres, » lui di- sait-il. « Appelez-moi de Paris ou de la campagne « pour vos réunions, je serai heureux de me join- « dre à vous pour veiller aux intérêts de cet établis- « sement que j'aime et où je sens que je puis faire « quelque bien. »

Mgr l'évêque d'Angoulême avait voulu donner un éclatant témoignage de son estime et de ses sym- pathies particulières pour cette honnête et pieuse mémoire, et il s'était rendu à Ronsenac, berceau de la famille, où s'est faite l'inhumation.

Dans son allocution, le vénéré prélat a fait entre- voir à la famille et aux amis éplorés l'éternelle féli- cité que Dieu réserve dans le ciel aux justes qui ont su vivre et mourir chrétiennement.

Lorsque M. Gellibert des Seguins prononça à Con-

folens un discours sur Dom Rivet de la Grange, bénédictin de la congrégation de Saint-Maur, que la
Charente compte au nombre de ses illustres enfants,
il dit, en parlant de la mort de Dom Rivet :

« Cette mort fut un malheur public. Ce ne furent
« pas seulement les riches et les heureux, les sa-
« vants et les lettrés qui pleurèrent notre béné-
« dictin : les malheureux et les affligés entourèrent
« sa dépouille mortelle et firent de son dernier
« jour un jour de triomphe. N'avait-il pas été, lui
« aussi, leur bienfaiteur, leur consolateur, leur
« père ? Il avait puisé dans l'étude des lettres cette
« bonté merveilleuse, cette sûreté dans les rela-
« tions, cette ardeur à obliger, ce penchant à sou-
« lager l'infortune qui, au Mans, l'avaient rendu
« cher au peuple. »

Ce portrait, Messieurs, ne vous semble-t-il pas
parfaitement s'adapter à l'homme qui est aujour-
d'hui l'objet de nos regrets et de ceux de sa bien
digne famille ?

M. Gellibert des Seguins a laissé un vide immense
à son foyer domestique qu'illuminaient une compagne pieuse et dévouée et deux jeunes enfants dont
l'un, bien que sur les bancs de l'école, est membre
de notre Société : c'est sa mère qui nous l'a donné, et
Dieu sait avec quel respectueux intérêt nous l'avons
accueilli et de quelles sympathies nous l'entourerons.

La Société d'agriculture et la Société archéologique, doublement frappées dans leur chef, se sont

spontanément réunies pour donner à sa mémoire un témoignage public d'estime et d'affection. Une souscription fut ouverte et bientôt remplie, et un artiste de Paris que recommandaient de sérieux travaux, M. Timbal, fut chargé de faire le portrait que vous avez sous les yeux.

M. Timbal a rencontré des difficultés qu'il a vaincues avec talent, et au nom de nous tous qui retrouvons les traits de notre ami et de notre maître, nous le prions de recevoir nos publics remerciements.

La Société a demandé à l'artiste d'adopter le costume de député que M. Gellibert des Seguins a honoré par sa dignité et son indépendance.

Puis ce costume a été pour nous le symbole de la patrie, et l'agriculteur doit avant tout, mais après Dieu, l'aimer et le défendre !

Ce portrait, Messieurs, restera désormais dans nos salles de réunion, et au voyageur étranger qui viendra nous visiter, nous dirons avec fierté :

C'est une des gloires de la Charente !

III

DISCOURS DE M. DE RENCOGNE

PRÉSIDENT DE LA SOCIÉTÉ ARCHÉOLOGIQUE

MESSIEURS,

APRÈS l'éclatant hommage qui vient d'être rendu à la mémoire de M. Gellibert des Seguins, vous jugerez sans doute qu'il y a témérité de ma part à prendre la parole et que je ne puis qu'affaiblir par mon discours les impressions si vives que vous venez de ressentir. Si j'avais dû, en me présentant devant vous, ne consulter que l'insuffisance de mes propres forces, j'aurais certainement décliné l'honneur qui m'est fait aujourd'hui, et je me serais borné à m'associer discrètement aux sentiments qui ont été si heureusement exprimés tout à l'heure par M. le président de la Société d'agriculture; mais je ne puis pas ne point m'apercevoir de la gracieuse attention avec laquelle M. le président s'est condamné volontairement à laisser dans l'ombre tout un côté de cette noble figure, voulant bien réserver au président de la Société archéologique et historique de la Charente la tâche de le dévoiler à vos yeux. Dans la patrie de Balzac et de Saint-Gelais, de La Rochefoucauld et de Dom Rivet, la gloire des lettres ne saurait être indifférente, et si vous voulez bien, Messieurs, m'accorder un moment d'attention, j'essaierai, en rappelant devant vous les œuvres littéraires et historiques de M. Gellibert, de vous montrer ce qu'il fut comme écrivain et comme érudit, confiant à votre expérience et à vos sympathies le soin de lui assigner, dans notre galerie des illustres, le rang élevé qui lui appartient.

Ce n'est pas, Messieurs, que j'aie à dérouler devant vous une bien longue suite de travaux. Écrites dans une période de moins de huit années, les œuvres de M. Gellibert se composent en grande partie de discours sur des sujets variés, d'études littéraires et historiques, et peuvent fournir, avec l'édition des *Vies inédites des poètes angoumoisins* de Colletet et celle des *Œuvres poétiques de La Péruse,* la matière de trois volumes in-8°. L'impitoyable Mort a arrêté dans son épanouissement cet esprit délicat et charmant, élevé et poétique, qui donnait de si grandes espérances, mais elle n'a pu nous arracher les souvenirs écrits d'un beau talent dans sa fleur et qui suffisent à fonder une renommée. Qu'importe, d'ailleurs, l'étendue d'une œuvre, lorsque, complète en chacune de ses parties, elle garde l'empreinte de qualités exquises ! Le mérite d'un tableau se mesure-t-il aux dimensions de la toile, et les grands écrivains qui ont survécu jusqu'à nous ne sont-ils pas plus honorés pour l'excellence que pour le nombre de leurs ouvrages? C'est dans cet ordre d'idées, à ce que je crois, qu'il convient de se placer lorsque l'on veut apprécier les travaux littéraires de M. Gellibert.

On vous l'a déjà dit, Messieurs, GUILLAUME-ERNEST-MARIE-FÉLIX GELLIBERT DES SEGUINS n'appartient pas à notre département par sa naissance : il est né à Toulouse le 27 février 1825. Son père, Nicolas-Prosper, général de division d'artillerie, député de la Charente au Corps législatif de 1852 à 1858, commandeur de la Légion d'honneur, était originaire de La Vallette et issu d'une très honorable famille, connue depuis plus d'un siècle et demi au pays de Ronsenac (1), et qui a laissé des traces glorieuses dans notre province. Sa mère, Marie-Félicie de Labroquère, descendait d'une ancienne maison de robe du Toulousain, dans laquelle la science juridique et les vertus chrétiennes étaient héréditaires. Toutefois, si son enfance s'est écoulée dans les provinces du Midi, entourée des soins les plus assidus et des plus nobles exemples de la vie publique et privée, sa jeunesse et son âge mûr nous appartiennent entièrement. C'est en 1848 seulement qu'une circonstance décisive le fixa définitivement en Angoumois : il avait épousé à Ronsenac, le 14 novembre de cette même année, demoiselle Gabrielle

---

(1) Le domaine de Brégedu (anciennement Brégeduilh), en la commune de Ronsenac, qui appartient encore de nos jours à un descendant par les femmes de la famille Gellibert, était entré dans cette maison par la vente qui en fut consentie, le 29 mai 1752, par le tuteur de Philippe Cadiot, écuyer, chevalier de Saint-Paul.

Gellibert, fille de l'honorable docteur Gellibert, ancien maire de la ville d'Angoulême, ancien membre du conseil général, ancien député, qui, vous vous le rappelez encore, Messieurs, cachait sous les dehors d'une simplicité primitive et d'une bonhomie charmante tant de dignité, d'esprit et de vues élevées.

Dès lors M. Gellibert se prit d'amour pour ce beau pays de la Charente qui avait été le berceau de sa race, et il se prépara, dans le silence du cabinet, à la pratique des hautes et nombreuses fonctions que son pays d'adoption allait bientôt lui confier. C'est dans ces circonstances, Messieurs, qu'il fut pour tous ceux qui le connurent un exemple et un modèle. Inscrit comme avocat au barreau d'Angoulême, où il débuta avec la parole d'un maître, au dire des meilleurs juges, il consacra à l'étude tout le temps que lui laissaient libre les relations du monde, ses devoirs de famille et ses affaires. En même temps, il se façonnait à ces habitudes d'ordre et de régularité dans la vie de chaque jour, qui simplifient singulièrement la tâche de l'homme occupé, et qui plus tard, lorsqu'il entra dans la vie politique, lui permirent de suffire avec aisance aux travaux accablants qui s'imposèrent à lui de tous côtés. Spectacle admirable, Messieurs, et bien rare en nos contrées! On vit un jeune homme de vingt-cinq ans, riche de tous les dons que la Providence peut départir à ses favoris, doué de l'imagination la plus vive et de la sensibilité la plus exquise, préférer naturellement et sans effort les jouissances calmes de l'étude et

de la méditation aux plaisirs bruyants du luxe et
de la vanité. Pendant les divers séjours que de 1850
à 1858 il fit à Angoulême, il recherchait avidement
les souvenirs de notre histoire locale, il étudiait avec
persévérance nos vieilles chroniques, fréquentait as-
sidûment la bibliothèque publique, et s'initiait peu
à peu aux secrets de la bibliographie charentaise
dans un commerce familier et suivi avec le bibliothécaire de la ville, M. Eusèbe Castaigne, le savant
homme, que jusqu'à ses derniers jours il appela
son cher maître, et qui pendant trente années a été
parmi nous le représentant le plus élevé de l'érudition provinciale. Mais la connaissance des documents publiés ne suffisait pas à son activité et à la
sincérité de ses recherches. Il fouillait aussi avec
ardeur les archives de la Charente, alors si peu et si
mal explorées, et en moins de trois années il eut
parcouru une à une les liasses historiques de ce
vaste dépôt, pour lequel il conserva toujours les
sympathies les plus vives.

C'est à cette époque, Messieurs, qu'il commença à
rassembler de tous côtés les éléments d'une bibliothèque charentaise, exclusivement composée des productions de toute nature des auteurs du pays, et
qui doit être présentement l'une des plus complètes
que l'on connaisse en ce genre. En même temps se
manifestait au dehors son goût si vif et si éclairé
pour les arts. Son esprit pénétrant et investigateur,
qui déjà avait envisagé sous toutes ses faces l'histoire de l'Angoumois, se porta avec passion à la

recherche des monuments graphiques relatifs à
notre province. Il avait compris l'immense parti que
peut tirer l'historien des renseignements fournis
par les plans des diverses époques, les cartes, les
vues des monuments, les portraits des hommes
illustres ou simplement notables, et, se mettant
aussitôt à l'œuvre, il recueillit chaque jour, soit à
Paris, soit en province, soit à l'étranger, où il entre-
tenait une correspondance suivie, les plus belles
pièces dont il pouvait avoir connaissance, et qui,
groupées aujourd'hui suivant leurs affinités, forment
un incomparable trésor. Cette collection, dont le
nombre des articles ne peut être évalué à moins de
1,200, et qui doit être considérée comme excep-
tionnelle en France, tant par les spécialités qu'elle
renferme que par la beauté et la rareté des éléments
qui la composent, suffirait à elle seule à créer la ré-
putation d'un cabinet d'amateur.

C'est par ces études suivies et persévérantes qui
embrassaient tous les côtés de l'histoire de la Charente que M. Gellibert était parvenu à s'initier complétement à la connaissance des besoins généraux
et particuliers du département. Aussi, le pays qui
le suivait avec intérêt, ne l'oublia-t-il pas dans la
distribution de ses récompenses. Lorsqu'à la fin de
l'année 1858, le général Gellibert eut fait connaître
sa détermination de quitter les affaires publiques,
le choix des électeurs de l'arrondissement d'Angoulême se porta sur son fils, qui, dans les journées des
23 et 24 janvier 1859, fut élu député à une impo-

sante majorité. Ai-je besoin de rappeler, Messieurs, que le jeune élu du suffrage universel justifia au delà de ce qu'on pouvait attendre les espérances des populations, et qu'il se plaça dès ses débuts au premier rang des orateurs populaires ? Qui ne se souvient encore, malgré les années écoulées, du langage élevé et poétique qu'il fit entendre dans le discours prononcé le 31 août 1862 au concours départemental des sociétés chorales et instrumentales de la Charente, où, à la fois disciple et émule de Lamartine, il éblouit et charma son auditoire ?

« A tous les âges de la vie des peuples ou des individus, » disait-il, « vous retrouvez la musique traduisant une pensée, exprimant un vœu, consolant une douleur.

« Au sein des sociétés, elle exalte les grands sentiments, elle engendre les élans dévoués et sublimes. Sous les voûtes des temples, elle éclate en hymnes religieux et devient la prière qui monte au ciel ; sur les champs de bataille, excitant par ses mâles accents le courage du soldat, elle est la grande voix de l'honneur qui fait donner sa vie avec joie. Parfois aussi les peuples l'évoquent pour traduire leurs espérances, leurs enthousiasmes ou leurs colères ; alors un chant caractérise une époque, signale le réveil d'une nationalité, ouvre une ère nouvelle, ou, soulevant dans toutes les poitrines le sentiment du devoir, du dévouement et de la patrie, précipite les masses à la frontière pour en chasser l'étranger !

« Dans la vie privée de chacun de nous, du ber-

ceau jusqu'à la tombe, elle est tendre, joyeuse ou
consolante comme une sœur : l'homme en fait la
compagne de sa vie la plus intime ; il lui demande
d'exprimer les joies ou les tristesses de son foyer,
ses rêves ou ses déceptions, et dans les dernières
années de sa vieillesse, au milieu des souvenirs aux-
quels le cœur se complaît et s'attarde, il est rare
qu'un chant ne vienne pas, comme une date amie,
lui rappeler une époque sur laquelle sa pensée aime
à se reposer doucement.

« La musique provoque donc dans la vie sociale
l'enthousiasme et l'entraînement aux grandes actions, et dans le commerce ordinaire de la vie elle
adoucit les mœurs, elle élève l'âme, elle incline les
cœurs à la bienveillance et à la fraternité.

« La fraternité ! pourquoi ne prononcerais-je pas
dans cette fête populaire ce mot si religieux et si
humain ? Pourquoi ne louerais-je pas les sociétés or-
phéoniques et instrumentales de la propager et de la
répandre, et, en se réunissant dans un même labeur
pour la culture d'un art auquel nous devons tant et
de si douces jouissances, d'être des apôtres de paix,
de concorde et d'union ? »

Tels furent les débuts de ce brillant orateur, si
séduisant de geste et de mine, qui à l'âge où les
autres apprennent encore parlait devant une assemblée émue et charmée un langage qu'on n'avait pas
connu avant lui dans notre pays. — Mais ces succès
n'étaient qu'un prélude. — Bientôt M. Gellibert fut
l'orateur obligé de toutes les fêtes populaires, et

les organisateurs de ces réunions auraient cru en-
lever l'attrait le plus puissant de leurs programmes,
s'ils n'y avaient pas fait figurer le nom de notre député. De 1863 à 1868, il porta la parole, comme
président de la Société d'agriculture, dans six chefs-
lieux de canton ou d'arrondissement, et toujours il
rencontra sur son passage les sympathies les plus
dévouées. Les populations de la campagne se grou-
paient autour de lui, avides de l'entendre, et l'écou-
taient pleines de respect et de confiance. Et voulez-
vous savoir, Messieurs, le secret de cette attraction
puissante qu'il exerçait sur les masses ? C'est que,
plein de dignité pour lui-même, il respectait chez
les autres la dignité de la conscience, et ne chercha
jamais à surprendre la bonne foi de ses auditeurs.
Ami du progrès et de la vérité, il ne laissa tomber
de ses lèvres que des paroles de paix, de justice et
d'union, et ce sera l'éternel honneur de cette noble
intelligence que d'avoir donné à ses instructions
populaires le caractère d'un enseignement moral et
chrétien.

Vous n'attendez pas de moi, Messieurs, que j'ana-
lyse dans tous leurs détails les discours qu'il a prononcés dans ses missions à travers les campagnes.
L'honorable M. de Thiac vous en a signalé tout à
l'heure les passages les plus saillants ; mais je ne
puis résister au plaisir de vous rappeler quelques
parties du discours qu'il prononça à la distribution
solennelle des prix du lycée d'Angoulême, le 9 août
1864, comme délégué de S. Exc. M. Duruy, mi-

nistre de l'instruction publique. Elles vous feront connaître le libéralisme de ses sentiments et l'éléva-tion de ses principes.

« L'une des gloires incontestables du dix-neu-vième siècle, » disait-il, « sera d'avoir organisé et dé-veloppé l'instruction publique sur des bases solides, et, par un louable prosélytisme, d'avoir presque exilé de notre société l'ignorance, cette véritable ennemie de l'humanité. Dans cette grande organi-sation, l'Université a eu le droit de revendiquer la place qui convient à l'enseignement national, et je suis d'autant plus empressé à reconnaître les bien-faits de cet enseignement que je le crois entré, après de grandes luttes et de retentissantes contradictions, dans la véritable voie qui doit demeurer la sienne et fonder sa supériorité légitime, je veux dire la voie de la liberté.

« L'État enseigne, l'État surveille ! oui, c'est son devoir et c'est son droit. Mais en l'affirmant et en le pratiquant, ne réclamant aucun privilége exclusif, il assure à tous l'exercice d'un droit semblable. Pas de monopole ! liberté entière de l'instruction ! C'est sur ce large terrain qu'est placée définitivement la question brûlante de l'enseignement, et il est bien qu'il en soit ainsi, car voyez comme sous ce régime salutaire les vivacités de la polémique se sont apaisées, comme une louable émulation leur a seule succédé, fructueuse pour tous ! l'intruction privée a usé largement et avec honneur de ses droits reconnus et protégés avec une impartialité de bon goût, et l'Université, gagnant, comme toutes les institutions grandes et honnêtes, au contrôle et à la discussion qu'enfante la liberté, a vu croître le nombre de ses élèves. »

Et plus loin, s'adressant aux élèves du lycée, il leur disait : « Jeunes amis, la jeunesse s'ouvre radieuse devant vous avec ses vastes horizons ; gardez-vous de la dédaigner ou de la méconnaître ; ne cherchez point à vieillir vite. Laissez l'expérience venir à vous, l'attente n'en sera jamais très longue. Ne soyez point semblables à ces fleurs sans parfum, à ces fruits sans saveur, hâtivement venus, et que par erreur ou par faiblesse la nature permet à l'art de créer. Ayez les nobles élans des âmes vierges ; placez votre idéal dans de si hautes régions que sa recherche élève constamment votre pensée ; ne craignez point d'avoir trop d'admirations. L'arbre de nos forêts se pare-t-il jamais, au printemps, de trop de rameaux, et de ce verdoyant asile où viennent se reposer et chanter les troupes d'oiseaux, que reste-t-il après les autans de l'automne et les premiers froids de l'hiver ? Laissez donc vos cœurs battre librement aux grandes choses ! Que les grands spectacles éveillent en vous les grandes idées, et que les grandes idées vous rendent aptes aux grandes actions ! »

Je pourrais aisément, Messieurs, multiplier ces citations, et personne assurément ne songerait à s'en plaindre. Les œuvres de M. Gellibert sont une mine inépuisable où l'on peut recueillir à pleines mains les grandes idées, les belles images et les nobles enseignements ; mais je ne dois pas oublier qu'il me reste encore à vous entretenir du rôle qu'il a joué comme président de la Société archéologique, et je craindrais de fatiguer votre attention.

C'est le 8 janvier 1862, et par acclamation, que lui fut décernée la présidence, dans laquelle il remplaçait le vénérable M. de Chancel, qui depuis dix-sept ans avait été maintenu chaque année à la tête de notre Compagnie. Cette élection ne fut point alors, comme on pourrait le croire, un hommage flatteur rendu à sa qualité de député et à sa haute position sociale ; elle s'adressait tout simplement, Messieurs, au plus digne de nos confrères. Nous savions tous, en effet, ce qu'on pouvait attendre de ses recherches consciencieuses, de son érudition et de l'habileté de sa plume ; car, dès l'année 1858, dans un *Mémoire sur les droits seigneuriaux des évêques d'Angoulême*, où il retraçait un épisode des luttes du pouvoir spirituel et du pouvoir temporel, qui occupent une si large place dans l'histoire de l'Angoumois, il avait montré toutes les qualités de l'historien. J'avais l'honneur, Messieurs, d'assister à la séance de la Société où ce travail fut donné en communication, et je me souviens encore de l'émotion avec laquelle M. de Chancel, qui présidait ce jour-là, joignant ses félicitations à celle de l'assemblée, dit à l'auteur : « Voilà, Monsieur, une page d'histoire qui ne déparerait pas les œuvres d'Augustin Thierry. » Ce jugement, Messieurs, n'était que l'expression de la plus exacte vérité ; et M. Gellibert fut toujours le seul qui ne voulut pas y souscrire.

C'est aussi avec cette modestie charmante qu'il accepta les fonctions de président que nous venions de lui offrir avec tant de joie et de spontanéité. « Je ne les accepte qu'avec crainte, » nous écrivait-il de Paris, où le retenaient pour quelque temps encore ses travaux législatifs, « et par dévouement à l'œuvre que nous poursuivons en commun. Souffrez que je vous le dise, je suis plus tenté par le travail et la difficulté que par l'honneur et l'élévation. » — Ces assurances ne devaient pas tarder à être confirmées par les événements. Dans la séance du 23 avril 1862, M. Gellibert présentait à notre examen et à notre approbation trois propositions d'une telle importance que je ne puis me dispenser de vous les faire connaître, car de leur exécution date le rang distingué qu'a pris notre Compagnie dans le classement général des sociétés savantes de l'Empire et la notoriété qu'elle s'est légitimement acquise. Nous étions appelés à voter sur la création de trois publications, distinctes de notre *Bulletin,* et destinées à mettre en lumière les sources peu connues de notre histoire provinciale. La première, sous le titre de : *Trésor des pièces angoumoisines, inédites ou rares,* devait comprendre les relations, dissertations curieuses et singulières, chansons, controverses, poésies légères, que leur excessive rareté ou leur prix élevé mettent habituellement hors de la portée des travailleurs. La seconde, intitulée : *Documents historiques sur l'Angoumois,* devait être consacrée à l'impression des chartes, chroniques, cartulaires, inventaires, déclarations d'hommages, qui sont la base de tous les travaux d'histoire sérieux ; et la troisième enfin, complément indispensable des deux autres, était appelée à figurer, sous le titre de *Monuments de l'histoire d'Angoumois,* les vues, plans et détails des châteaux et des églises, les sceaux et armoiries de nos comtes, de nos évêques et des grands feudataires de la province, les portraits de nos hommes illustres et les fac-simile de leurs signatures.

Ces trois propositions, qui formulaient si complétement les aspirations de la majorité de l'assemblée, furent accueillies avec joie et votées dans la même séance. Tout ce qu'il y avait alors de jeune et d'ardent dans la Société se groupa avec enthousiasme autour du zélé président, qui comprenait si bien les secrets désirs de ses confrères, chacun se prépara à le seconder dans sa vaste entreprise et à apporter sa part de travaux et de recherches à l'édifice commun. Lui-même, Messieurs, voulut être le premier à la peine, et, nous devons le reconnaître, il fut aussi le premier à l'honneur, et c'était justice, car à ses frais et sous sa haute direction parurent successivement, en 1863 et en 1867, les *Vies des poètes angoumoisins* de Guillaume Colletet, de l'Académie française, et les *Œuvres poétiques de Jean Bastier de La Péruse,* qui forment les

deux premiers volumes du *Trésor*. Ces deux beaux
ouvrages, imprimés avec luxe à Paris, sont précédés
d'introductions élégantes et accompagnés de notes
innombrables qui décèlent, de la part de l'édi-
teur, une connaissance merveilleuse des poètes du
XVIe siècle. Ils tiendront toujours, Messieurs, une
place de choix sur les rayons des bibliothèques
charentaises, et resteront pour nos descendants
comme un témoignage encourageant de ce que
peuvent pour l'illustration d'une province l'amour
éclairé du pays natal, secondé par le bon goût et
l'usage intelligent des biens de la fortune.

En 1864, la collection des *Documents historiques*
fut inaugurée par un volume grand in-8° de plus
de 700 pages, publié avec la même générosité par
M. Gellibert, et qui mettait à la disposition du
plus grand nombre deux sources importantes de
notre histoire locale : la *Chronique de l'abbaye de
La Couronne,* éditée par M. E. Castaigne, et le
Mémoire sur l'Angoumois, de Gervais, ancien maire
d'Angoulême et lieutenant criminel au présidial de
cette ville. Le temps, notre grand maître à tous,
s'est chargé de justifier le choix des manuscrits
mis à l'impression, et c'est avec une satisfaction que
je ne chercherai point à dissimuler que je constate
les nombreux services que ces éditions ont rendus
aux chercheurs intelligents (1).

---

(1) Je ne puis oublier de signaler ici le don que Mme Gellibert
des Seguins a bien voulu faire à la Société archéologique de tous

En dehors des publications dont je viens de vous entretenir, M. Gellibert a droit encore à nos souvenirs pour un grand nombre de communications intéressantes qu'il fit à diverses séances de la Société archéologique et qu'il serait trop long d'énumérer ici : mais je dois signaler à votre attention l'éloge de l'ancien président de cette Compagnie, Charles de Chancel, prononcé dans la séance du 18 février 1863, et, dans le *Bulletin* de 1862, un curieux mémoire sur les guerres civiles de l'Angoumois au XVIe siècle, et particulièrement à Aubeterre, où l'on remarque une dissertation neuve et savante sur l'interprétation des cavaliers en pierre sculptés sur un certain nombre de façades des églises de notre pays et des provinces de l'Ouest. Je n'oublierai pas non plus l'éloge du religieux bénédictin Dom Rivet de la Grange, qu'il lut à Confolens, le 15 septembre 1866, au milieu d'une nombreuse assemblée réunie pour assister à la pose d'une plaque de marbre commémorative sur la maison où est né l'illustre savant confolentais. Vous vous rappelez encore, Messieurs, que c'est uniquement à son initiative et à sa libéralité qu'est dû ce pieux et touchant hommage, et vous ne me pardonneriez point de ne pas rapporter ici la magnifique péroraison qui termine son discours :

« Comme la fleur vers le soleil, l'âme, amou-

---

les exemplaires de ces ouvrages qui avaient été conservés par son mari et qui étaient sa propriété. Qu'elle en reçoive de nouveau nos publics remerciements.

reuse de l'infini, tend toujours vers lui son essor. Honneur à ceux qui lui enseignent la voie et qui, la soutenant dans ses élans vers la vérité, la conduisent de hauteurs en hauteurs, de sommets en sommets, jusqu'à l'idéale beauté vers laquelle elle aspire, et qu'elle appelle d'une voix ardente et passionnée ! Vivons de cette noble vie de l'intelligence, et, échappant aux exigences matérielles, aimons à nous réfugier dans les régions sereines ! Que les philosophes exposent leur systèmes, que les historiens racontent les grandes époques, que les poètes chantent leurs invocations sublimes, que les sculpteurs et les peintres enfantent leurs chefs-d'œuvre, que les suaves mélodies descendent des cieux sur la terre ! que tous secouent sur le monde leurs enseignements et leurs doctrines, leurs épopées et leurs chants ; qu'ils le peuplent de leurs blanches statues et de leurs resplendissantes images ! Nous, nous applaudirons à leurs œuvres, nous honorerons leurs noms, nous immortaliserons leurs mémoires. Ne paient-ils pas, les grands génies, de leur sang généreux le don qu'ils font à l'humanité de ces parcelles de vérité et de beauté conquises par eux et rapportées parmi nous ! Voyez-les, ces nouveaux Prométhée, allant ravir le feu du ciel ; rien ne les arrête, rien ne les retient. Ils n'ignorent pas que la splendeur du soleil éternel entrevu éteindra la lumière dans leurs faibles yeux et desséchera leurs paupières, et ils montent toujours ; ils ont gravi le rocher abrupte où ils se savent prédestinés à devenir bientôt sous les pesantes chaînes la proie du cruel vautour, et ils gravissent encore de plus inaccessibles cimes ; dans leurs audacieuses tentatives, ils n'ont jamais espéré conquérir que quelques rares étincelles, car pour eux comme pour nous la flamme éternelle c'est la Divinité elle-même, toujours immuable et invincible, et ils n'ont pas hésité à se sacrifier pour le progrès de l'humanité ! Qui ne proclamerait la sainteté de la dette contractée envers eux ? — Je vous félicite, Messieurs, d'être venus la reconnaître à la porte de cette humble demeure, en honorant dans Dom Rivet de la Grange une de ces nobles intelligences qui, par leurs veilles et les élans de leur génie, ont agrandi le domaine de la vie de l'âme et ajouté une gloire aux gloires immortelles de la France. »

On doit encore à sa générosité et à son goût délicat un ensemble de lithographies d'une exécution remarquable, dont il se proposait de composer le premier fascicule des *Monuments historiques de l'Angoumois.* Il convient de mentionner particulièrement les portraits de M. de Chancel, des lieutenants généraux barons Laroche et Pinoteau, de M. et de Mme Lavergne-Champlaurier (ces quatre derniers accompagnant une notice de M. le docteur Gigon), et ceux de Henri de Nesmond, archevêque de Toulouse, l'un des plus illustres représentants de cette grande maison d'origine angoumoisine, et de Joseph-Amédée de Broglie, évêque d'Angoulême, le pieux et digne prélat qui, au milieu des défaillances du clergé du XVIII⁰ siècle, sut par ses vertus et sa douceur évangélique faire respecter et honorer jusqu'à sa mort le caractère sacré dont il était revêtu.

Ce n'est pas tout, Messieurs : il avait encore réuni quatre-vingts vues environ des monuments les plus remarquables de l'architecture civile et religieuse du département, et particulièrement de son cher canton de Montmoreau, dont il se proposait d'écrire l'histoire complète. Les dessins, faits d'après nature par notre jeune et habile artiste M. Eugène Sadoux, avaient été l'objet des soins les plus attentifs, de la sollicitude la plus dévouée ; reportés sur bois depuis plusieurs années, ils n'attendent plus que la main du graveur. — Enfin, Messieurs, voulant porter aussi haut que possible le renom de la Compagnie qu'il dirigeait avec tant de dévouement, il proposa et fit décider, dans la séance du 25 janvier 1865, qu'elle prendrait sous son patronage une collection que, sous le titre de *Cartulaires de l'Angoumois,* divers membres se proposaient de publier à leurs frais et isolément, et qu'une somme de 1,000 fr. serait allouée aux quatre premiers volumes dont l'impression était dès ce jour adoptée. M. Gellibert, qui tenait toujours à donner l'exemple du travail, s'inscrivit en tête de la liste des collaborateurs pour la publication du cartulaire de l'abbaye de Saint-Cybard, et déjà les sept premières feuilles de cet important document étaient sorties des presses, lorsque la fatale journée du 2 octobre 1868 est venue confondre tous nos projets et briser toutes nos espérances (1).

Ah ! Messieurs, quel malheur vint nous frapper au moment où nous nous y attendions le moins, et quel retentissement il eut jusqu'au fond des campagnes ! Vous vous rappellez encore l'explosion de larmes et de regrets qui se fit au jour de ses funérailles, et le deuil profond qui envahit le pays. Hélas ! quel vide il a laissé parmi nous ! A quoi serviront désormais ces trésors de l'art et de la science réunis depuis vingt ans, à force de persévérance et de dévouement, et qu'il destinait, dans ses légitimes prévisions, à élever un monument durable à notre Angoumois ? Qui osera reprendre l'œuvre interrompue ? — Dieu seul le sait, Messieurs ; mais il faut espérer qu'un jour viendra où son fils, si cruellement blessé au cœur au début de la vie, héritier de ses sentiments et de ses goûts, ambitionnera l'honneur de marcher sur ses traces et de continuer sa belle et pure renommée. Vous l'accueillerez alors de vos conseils et de vos encouragements ; nous l'entourerons tous de nos sympathies, et nous chercherons à acquitter ainsi la dette sacrée que nous avons contractée envers son père. En attendant, Messieurs, conservons vivant au fond de nos cœurs le souvenir de cette noble et belle figure qui vient de renaître si heureusement sous nos

---

(1) M. Gellibert des Seguins est décédé dans sa terre de Champrose, près Montmoreau (Charente).

yeux et que je vous remercie bien vivement d'être
venus saluer de vos hommages, et n'oublions
jamais que, par dix ans de travaux, de bienfaits
et d'abnégation, M. Gellibert des Seguins a mé-
rité qu'un écrivain (1) fasse de lui cet éloge, qui ne
s'accorde qu'aux plus dignes :

« *Ce fut un grand homme de bien.* »

---

(1) M. l'abbé Frédéric Saivet, chanoine-archiprêtre de la cathé-
drale d'Angoulême, rappelant heureusement, dans la *Semaine religieuse du diocèse d'Angoulême* (n° du 11 octobre 1868), le mot
appliqué par M. Huillard-Bréholles à l'illustre duc de Luynes, avec
lequel M. Gellibert des Seguins eut plus d'un rapport.

IV

LISTE

PAR ORDRE CHRONOLOGIQUE

Des Ouvrages publiés par M. Gellibert des Seguins
ou à ses frais

----✦----

1.

OUVRAGES PUBLIÉS PAR M. GELLIBERT DES SEGUINS.

1° *Ayquilin, évêque d'Angoulême, et Guy VII de La Rochefou-*
cauld (1328-1329); mémoire pour servir à l'histoire des
droits seigneuriaux des évêques d'Angoulême. — Publié dans
le *Bulletin* de la Société archéologique et historique de la
Charente (1" trimestre de 1859, pages 59-82), et tiré à part à
80 exemplaires, en une brochure in-8° de 30 pages (Angoulême,
impr. Nadaud, 1859).

2° *Abrégé de la vie et des vertus de la sœur Marie-Caroline de*
Labroquère, décédée au monastère de la Visitation Sainte-
Marie de Toulouse, le 15 juin 1841 (Paris, Aubry, 1860,
pet. in-8° de 58 pages). — Tirage à 60 exemplaires numérotés.

3° *Discours prononcé au concours départemental des Sociétés*
chorales et instrumentales de la Charente, le 31 août 1862.
— Publié dans le journal *Le Charentais* (n" des lundi 1" et
mardi 2 septembre 1862), et réimprimé à Paris, chez Jouaust,
en une brochure de 22 pages in-8°. — Tirage à 60 exemplaires
numérotés.

4° *Aubeterre en 1562. Enquête sur le passage des Protestants*
en cette ville, le pillage de l'église Saint-Jacques et la des-
truction des titres et papiers du chapitre, publiée pour la
première fois, avec une introduction et des notes. — **Travail**

inséré dans le *Bulletin* de la Société archéologique et historique de la Charente (2ᵉ, 3ᵉ et 4ᵉ trimestres de 1862), pages 343-386.

5ᵉ *Éloge de Charles de Chancel, président de la Société archéologique et historique de la Charente, vice-président honoraire du tribunal civil d'Angoulême, vice-président du conseil général de la Charente, administrateur des hospices, etc., chevalier de la Légion d'honneur.* — Publié avec un portrait dans le *Bulletin* de la Société archéologique et historique de la Charente pour l'année 1863, pages 1-40, et réimprimé à Paris, chez Jouaust, en une brochure in-8ᵉ de 44 pages, ornée du portrait précité. — Tirage à 200 exemplaires.

6ᵉ *Vies d'Octovien de Sainct-Gelais, Mellin de Sainct-Gelais, Margverite d'Angovlesme, Jean de la Pervse, poëtes angovmoisins, par Gvillavme Colletet, de l'Académie françoise,* publiées pour la première fois par Ern Gellibert des Seguins (Paris, Aubry, 1863, pet in-8ᵉ de XIV et 234 pages). — Tirage à 110 exemplaires sur papier vergé, 10 sur papier chamois et 3 sur peau de vélin.

7ᵉ *Discours prononcé au concours agricole du canton de Montbron, le 22 septembre 1863* (et non le 28, ainsi que le porte la brochure imprimée à Paris). — Publié dans le journal *Le Charentais* (nᵒ du vendredi 25 septembre 1863); inséré dans les *Annales* de la Société d'agriculture, sciences, arts et commerce de la Charente (année 1863, tome XLV, pages 153-162), et réimprimé en la même année, à Paris, chez Jouaust, en une brochure in-8ᵉ de 22 pages. — Tirage à 60 exemplaires numérotés.

8ᵉ *Discours prononcé à la distribution solennelle des prix du lycée d'Angoulême, le 9 août 1864.* — Publié dans le journal *Le Charentais* (nᵒ du 10 août 1864), et réimprimé en la même année, à Paris, chez Jouaust, en une brochure in-8ᵉ de 22 pages. — Tirage à 60 exemplaires numérotés.

9ᵉ *Discours prononcé au concours agricole de l'arrondissement d'Angoulême, le 28 août 1864.* — Publié dans le journal *Le Charentais* (nᵒˢ des lundi 29 et mardi 30 août 1864); inséré dans les *Annales* de la Société d'agriculture, sciences arts et commerce de la Charente (année 1864, tome XLVI, pages 218-229), et réimprimé en la même année, à Paris, chez Jouaust, en une brochure in-8ᵉ de 22 pages. — Tirage à 60 exemplaires numérotés.

10° *Discours prononcé au concours agricole du canton de Blan·zac, le 20 août 1865.* — Publié dans le journal *Le Charentais* (n°ˢ des lundi 21 et mardi 22 août 1865), inséré dans les *Annales* de la Société d'agriculture, sciences, arts et commerce de la Charente (année 1866, tome XLVIII, pages 139-150), et réimprimé en la même année, à Paris chez Jouaust, en une brochure in-8° de 24 pages. —Tirage à 60 exemplaires numérotés.

11° *Discours prononcé au concours agricole et industriel départemental de la Charente, tenu à Barbezieux le 11 septembre 1865.* — Publié dans le journal *Le Charentais* (n° du lundi 14 septembre 1865); inséré dans les *Annales* de la Société d'agriculture, sciences, arts et commerce de la Charente (année 1865, tome XLVII, pages 213-225), et réimprimé la même année, à Paris, chez Jouaust, en une brochure in-8° de 24 pages. — Tirage à 60 exemplaires numérotés.

12° *Éloge de Dom Rivet de La Grange, religieux bénédictin,* prononcé à Confolens, le 15 septembre 1866, à l'occasion de la pose d'une plaque de marbre commémorative sur la maison où est né l'illustre savant confolentais. — Publié dans le journal *Le Charentais* (n° du mercredi 19 septembre 1866), et inséré dans le *Bulletin* de la Société archéologique et historique de la Charente (volume de 1867, pages 1-20).

13° *Discours prononcé au concours départemental, agricole et industriel de Confolens, le 16 septembre 1866.* — Publié dans le journal *Le Charentais* (n° du jeudi 20 septembre), et inséré dans les *Annales* de la Société d'agriculture, sciences, arts et commerce de la Charente (année 1866, tome XLVIII, pages 283-294).

14° *Œuvres poëtiques de Jean Bastier de La Péruse, Angoumoisin (1529-1554),* nouvelle édition, publiée par M Gellibert des Seguins (Paris, impr. Jouaust, petit in-8° de XXXVIII et 276 pages). — Tirage à 200 exemplaires, dont 100 seulement mis en vente.

15° *Discours prononcé au concours agricole de l'arrondissement d'Angoulême, tenu à Rouillac le 25 août 1867.* — Publié dans le journal *Le Charentais* (n° du jeudi 29 août 1867), et inséré dans les *Annales* de la Société d'agriculture, sciences arts et commerce de la Charente (année 1869, tome XLIX, pages 152-165).

— 54 —

16° *Discours prononcé au concours départemental, agricole et industriel, tenu à Châteauneuf le 1ᵉʳ septembre 1867.* — Publié dans le journal *Le Charentais* (n° du jeudi 5 septembre 1867), et inséré dans les *Annales* de la Société d'agriculture, sciences, arts et commerce de la Charente (année 1869, tome XLIX, pages 195-206).

2.

OUVRAGES PUBLIÉS AUX FRAIS DE M. GELLIBERT DES SEGUINS.

17° *Le Trésor des pièces angoumoisines, inédites ou rares, publié sous les auspices et par les soins de la Société archéologique et historique de la Charente.*
Tome Iᵉʳ (Paris, Aubry, 1863, petit in-8°). — Tirage à 200 exemplaires.
Ce volume, de II et 409 pages, contient, outre un Avertissement :
1° Vies d'Octovien de Sainct-Gelais, Mellin de Sainct-Gelais, Margverite d'Angovlesme, Jean de La Pérvse, poëtes angoumoisins, par Gvillavme Colletet, de l'Académie françoise, publiées pour la première fois par Ern. Gellibert des Seguins, président de la Société archéologique et historique de la Charente (avec une introduction), pages 3-247 ;
2° De l'origine et de l'observation des étrennes, par Vigier, nouvelle édition, suivie d'une note bibliographique, publiée par M. Adhémar Sazerac de Forge, pages 249-290 ;
3° Journal de l'enterrement de Jean d'Orléans, comte d'Angoulême, aïeul du roi François Iᵉʳ, publié par M. Edmond Sénemaud, archiviste du département des Ardennes, pages 291-330 ;
4° Aventvres dv retovr de Gvyenne (17 décembre 1615-29 janvier 1616), nouvelle édition, publiée et annotée par M. J.-F. Eusèbe Castaigne, bibliothécaire de la ville d'Angoulême, avec une svite des Adventvres du voyage de Gvyenne depvis le séjovr de Poictiers jvsqves à celvy de Tours, pages 330-377 ;
5° Procès-verbal de l'exécution d'un cadavre en Angoumois au XVᵉ siècle, publié par M. G. Babinet de Rencogne, archiviste de la Charente, pages 379-400 ;
6° Discours véritable de ce qui est aduenu à trois blasphemateurs ordinaires du nom de Dieu, iouans aux cartes dans un cabaret, distant de quatre lieues de Perrigeur, pages 399-405 (réimpression faite par M. Edmond Sénemaud).

Tome II (Angoulême, Goumard, libraire, 1867, pet. in-8°). — Tirage à 200 exemplaires.

Ce volume, de II et 326 pages, contient, outre un Avertissement :

1° Œuvres de J. de La Péruse, poète angoumoisin (1529-1554), nouvelle édition, publiée par Ern. Gellibert des Seguins, président de la Société archéologique de la Charente, pages 1-250;

2° Testament de Gabriel de La Charlonye, juge-prévôt honoraire de la ville et châtellenie d'Angoulème (11 septembre 1646), publié pour la première fois par G Babinet de Rencogne, archiviste de la Charente, secrétaire de la Société archéologique et historique de ce département, pages 252-275;

3° Advertissement sur les jugements d'astrologie (de Mellin de Saint-Gelais), nouvelle édition, publiée par M. Eusèbe Castaigne, bibliothécaire de la ville d'Angoulème, pages 276-319.

18° *Documents historiques sur l'Angoumois, publiés sous les auspices et par les soins de la Société archéologique et historique de la Charente.*

Tome 1ᵉʳ, en deux parties, quelquefois réunies en un volume (Paris, Aubry, 1864, in-8° de II et 608 pages)

La première partie, outre un Avertissement, contient la *Chronique latine* de l'abbaye de La Couronne (diocèse d'Angoulème), accompagnée de nombreux éclaircissements et publiée pour la première fois, d'après un manuscrit du XIII° siecle, par J -F. Eusèbe Castaigne, bibliothécaire de la ville d'Angoulème, pages 1-170.

La seconde partie est consacrée au *Mémoire sur l'Angoumois* par Jean Gervais, lieutenant-criminel au Présidial d'Angoulème, publié pour la première fois, d'après le manuscrit de la Bibliothèque impériale, par G. Babinet de Rencogne, archiviste de la Charente, pages 171-608.

19° *Documents, mémoires et mélanges, publiés sous les auspices de la Société d'agriculture, sciences, arts et commerce de la Charente*

Tome 1ᵉʳ (impr. de Jouaust, Paris 1867, in-8°). — Tirage à 400 exemplaires.

Ce volume, de XXIX et 499 pages, est consacré aux mémoires primés aux concours ouvert par la Société d'agriculture de la Charente sur ce sujet: *Étude sur la viticulture et la vinification dans le département de la Charente* Il contient, outre un Avertissement, une introduction par M. Gellibert des Seguins (pages III-VI) et un rapport fait par M. Mailfer, au nom de la commission chargée d'examiner les mémoires adressés par les concurrents du concours (pages VII-XXIX), quatre études sur la question proposée, rédigées par MM. le docteur A. Chapelle, secrétaire de la Société d'agriculture (pages 1-144); Clément Prieur, maire d'Anais (pages 145-302); Jobit, ancien notaire, propriétaire à Tusson (pages 303-449), et Adolphe Duret, rédacteur en chef du journal *Le Cognac,* à Saintes (pages 451-482).

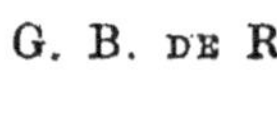

G. B. DE R.

V

LISTES

DE LA SOUSCRIPTION

*Ouverte par les Sociétés archéologique et d'agriculture
de la Charente
pour rendre hommage à la mémoire
de M. E. Gellibert des Seguins, leur président*

1.

Liste de la Société archéologique.

MM.

<table>
<tr><td rowspan="8">Bureau.</td><td>Babinet de Rencogne (G.), président...............</td><td>100 f.</td></tr>
<tr><td>Callandreau (Amédée), vice-président.... ....</td><td>10</td></tr>
<tr><td>Trémeau de Rochebrune (A.), secrétaire.........</td><td>20</td></tr>
<tr><td>Biais-Langoumois (Émile), secrétaire adjoint.....</td><td>10</td></tr>
<tr><td>Mathé-Dumaine (Georges), trésorier. ....</td><td>20</td></tr>
<tr><td>Castaigne (Joseph), conservateur du musée........</td><td>100</td></tr>
<tr><td>Chergé (Frédéric de), conservateur adjoint........</td><td>10</td></tr>
</table>

Membres associés.

MM.

Albert (Émile), avocat à Cognac....	10
Bénard, procureur impérial à Angoulême................	10
Boreau-Lajanadie (Ch.), conseiller à la cour impériale de Bordeaux....	20

A reporter................ 310

8

Report.................... .... 750 f.

MM.

Souillac, directeur des postes à Angoulême.............. 10
Thiac (Eugène de), ❊ ❊ ❊, membre du conseil géné-
ral, président de la Société d'agriculture............... 10
Warin (Édouard), architecte de la ville................. 10

Total de la souscription faite par la
Société archéologique.................. 780

2.

Liste de la Société d'agriculture.

MM.

Thiac (Eugène de), ❊ ❊ ❊, *président*............	100 f.
Chasseignac (Ernest), ❊,	*vice-présidents*..	50
Sazerac de Forge (Adh'),		50
Prieur (Clément), *secrétaire général*............	15
François, *secrétaire-archiviste*....................	5
Détoc, *trésorier*............................	10

(Bureau.)

Membres associés.

MM.

Abadie (J.), fabricant de papier à cigarette............... 10
Aigre, propriétaire... 10
Albert (Angel), propriétaire............................. 20
Allenet, pharmacien à Angoulême....................... 5
Andouard, maire à Nersac.............................. 5
André, C. ❊, député de la Charente au Corps légis-
latif.. 40
Asnières (le marquis d'), propriétaire................. 25
Astier (Ernest), ancien receveur particulier des finan-
ces.. 25

A reporter................ 370

Report.................... 370 f.

MM.

Babaud-Laribière (L.), ancien représentant du peuple............	10
Balaresque fils............	25
Barbot d'Hauteclaire............	5
Barouyer............	5
Bastide (Paul de La)............	10
Bastier (Alcide)............	5
Beirand jeune............	5
Bergeron, propriétaire............	10
Bertaudeau père............	
Bertaudeau fils............	20
Biard............	6
Bœckel (Henri)............	10
Bonjour, adjoint à M. le maire d'Angeac............	5
Bouillé (le comte de)............	10
Boulineau (Eugène)............	7
Bourdier-Lanauve............	10
Bourdin, juge de paix à Blanzac............	10
Bourdin, greffier en chef du tribunal civil d'Angoulême.	15
Bourzac, ✳, proviseur du lycée............	10
Boutellaud jeune, propriétaire............	5
Boutellaud, notaire............	5
Boutineau (Eugène)............	7
Brethenoux............	5
Briand (François)............	5
Broussard, propriétaire............	5
Brunet (Alexandre)............	5
Bujeaud père (Victor)............	5
Cadiot (Antoine)............	5
Callaud (Eugène)............	20
Challe (Edmond), ✳, sous-préfet de Barbezieux............	10
Chambaud (Pierre)............	10
Champvallier (Edgard de), membre du Conseil général.	20
Chapelle, docteur en médecine............	10
Chassay (de)............	10

A reporter.................... 675

Report............................ 675 f.

MM.

Chassin (Jules)..	5
Chaudier, à Lignières................................	5
Chaumont (de).......................................	10
Constantin (F.), propriétaire......................	5
Couprie (François), propriétaire..................	5
Creuzille (Jean).....................................	5
Cuirblanc (Émile)...................................	10
Daniaud (Jean-Auguste)............................	8
Daras (Henri), ✳....................................	20
David, avocat..	10
Debect, de Dignac...................................	10
Decescaud (Eugène), avocat........................	10
Deschamps aîné, propriétaire......................	10
Desgraviers-Boisneuf................................	5
Desmier de Chenon (le marquis)..................	5
Devaux, maire de La Couronne.....................	20
Doche-Laquintane...................................	5
Doyen (Pierre), maire de Balzac...................	5
Drot, ✳, inspecteur d'académie....................	10
Dubois-Chemison....................................	10
Ducoux (Auguste)...................................	5
Ducoux (Firmin).....................................	5
Dufresse de Chassaigne, docteur-médecin........	10
Dumas (le colonel), O. ✳...........................	5
Dunoyer (Joseph)....................................	10
Duval (l'abbé), curé de Chasseneuil...............	10
Foucaud, notaire....................................	5
Fraîche, professeur de physique au lycée.........	5
Gaignerot fils.......................................	7
Galard de Béarn (de), propriétaire au Rigalaud......	20
Gautier, notaire.....................................	10
Gautier (Louis), membre du conseil de l'arrondissement de Ruffec.....................................	30
Gerbaud, propriétaire à Lajasson..................	5
Gibiat...	5

A reporter.................... 980

Report...................... 980 f.

MM.

GIGNAC, docteur-médecin................................. 10
GONTIER (Jean), propriétaire à Fléac................... 10
GOT (Jean)... 5
GOURGUE (Louis-Alexandre)............................. 10
GOURSAUD DE CHAMBORAND DE PÉRISSAT (le baron).. 10
GRANGÉ (Jules).. 5
GROS, propriétaire.................................... 5
GUÉRIN-BOUTAUD, propriétaire.......................... 20
GUESLIN, membre du Conseil général.................... 10
GUILHOT (Hippolyte)................................... 10
GUYONNET (Jean), à Champniers......................... 5
HAZARD (T.), adjoint à M. le maire d'Angoulême........ 10
HÉMERY (Pol d'), membre du conseil général............ 20
HENNESSY (Auguste).................................... 50
HÉRIARD père, propriétaire............................ 10
HILLAIRET (Gabriel), pharmacien....................... 10
JEANNIN, docteur-médecin.............................. 10
JOBIT (Émile)... 10
JOUBERT, docteur-médecin.............................. 5
LABONNE (Belzoni)..................................... 5
LABONNE, maire de Dirac............................... 5
LABREGÈRE... 10
LACOUTURE, maire à Gurat.............................. 15
LACROIX (Louis de).................................... 10
LAFON, propriétaire................................... 10
LAGARDE (de), docteur-médecin à Confolens............. 5
LAMBALLERIE (le marquis de)........................... 25
LANDREVIE (J. de)..................................... 10
LAPEYROUSE (de)....................................... 5
LAROCHE aîné.. 10
LAROCHE (J.-A.), maire de Mouthiers................... 20
LAROCHE-JOUBERT (J.-Ed.), député au Corps législatif.. 25
LAROCHE père, du Martinet............................. 20
LAU (le vicomte du)................................... 10
LECLERC (Jean-Alfred)................................. 10

A reporter.................. 1400

Report.................... 1400 f.

MM.

Lurat fils..	5
Machenaud-Beauchamp............................	10
Mailfer (Henri).	10
Maret (de)...	5
Martin (E), de Touzac...........................	10
Masquet, propriétaire............................	5
Massougnes (Zulmé de)...........................	5
Mathieu-Bodet, ✳, membre du conseil général........	50
Maulde de l'Oisellerie père.	10
Maurin...	5
Merceron, à Oran (Algérie)......................	4
Moreau, employé de la préfecture..............	5
Nadaud (Armand)...................................	10
Navarre, maire de Mornac.......................	5
Nebout (Pierre)....................................	10
Noel (L.-N.), propriétaire	30
Noel (Jacques), à Rousenac	10
Normandin, maire de Rouillac..	10
Pasturaud, maire de Vars........................	10
Pastureau-Lanauve, membre du conseil général	10
Penot (Jean).......................................	5
Périgord de Villechenon.........................	10
Perry de Nieuil	10
Planteau du Maroussem père....................	10
Plantevigne-Lastier, ✳, conseiller général.......	20
Plas (le colonel de), C. ✳.......................	5
Prémont, docteur-médecin, ✳	10
Rambaud de Laroque, ✳, membre du conseil général.	50
Ribérolles (de).....................................	10
Ribot, propriétaire................................	10
Rochefoucauld (le comte de La), O. ✳.........	40
Rogée, pharmacien.	20
Rossignol...	5
Rossignol...	5
Rousset, de Ronsenac.............................	10

A reporter................. 1839

Report...................... 1839 f.

MM.

Roux de Reilhac (Victor de)...	10
Sanzillon (Némorin de)...	15
Sauquet, chef d'institution...	10
Sauvage, propriétaire au Maine-Brun...	5
Sazerac de Forge (Abel)...	15
Sazerac de Forge (Paul), ✳, maire d'Angoulême...	50
Seguin (Antoine), maire...	5
Suraud, notaire à Mareuil...	5
Tabuteau, propriétaire au château d'Aignes...	10
Tavernier, trésorier payeur général à Angoulême...	20
Texier-Pombreton...	5
Thibaud (J.), propriétaire...	10
Thomas-la-Croisade, docteur-médecin...	10
Valleteau, de Guissalle...	5
Vallier (Zénobe), propriétaire à Bignac...	10
Védrenne maire de Saint-Amant-de-Boixe...	5
Verliac, chef de division à la préfecture...	5

Total de la souscription faite par la
Société d'agriculture................. 2034

Total général des deux listes........ 2814

TABLE DES MATIÈRES

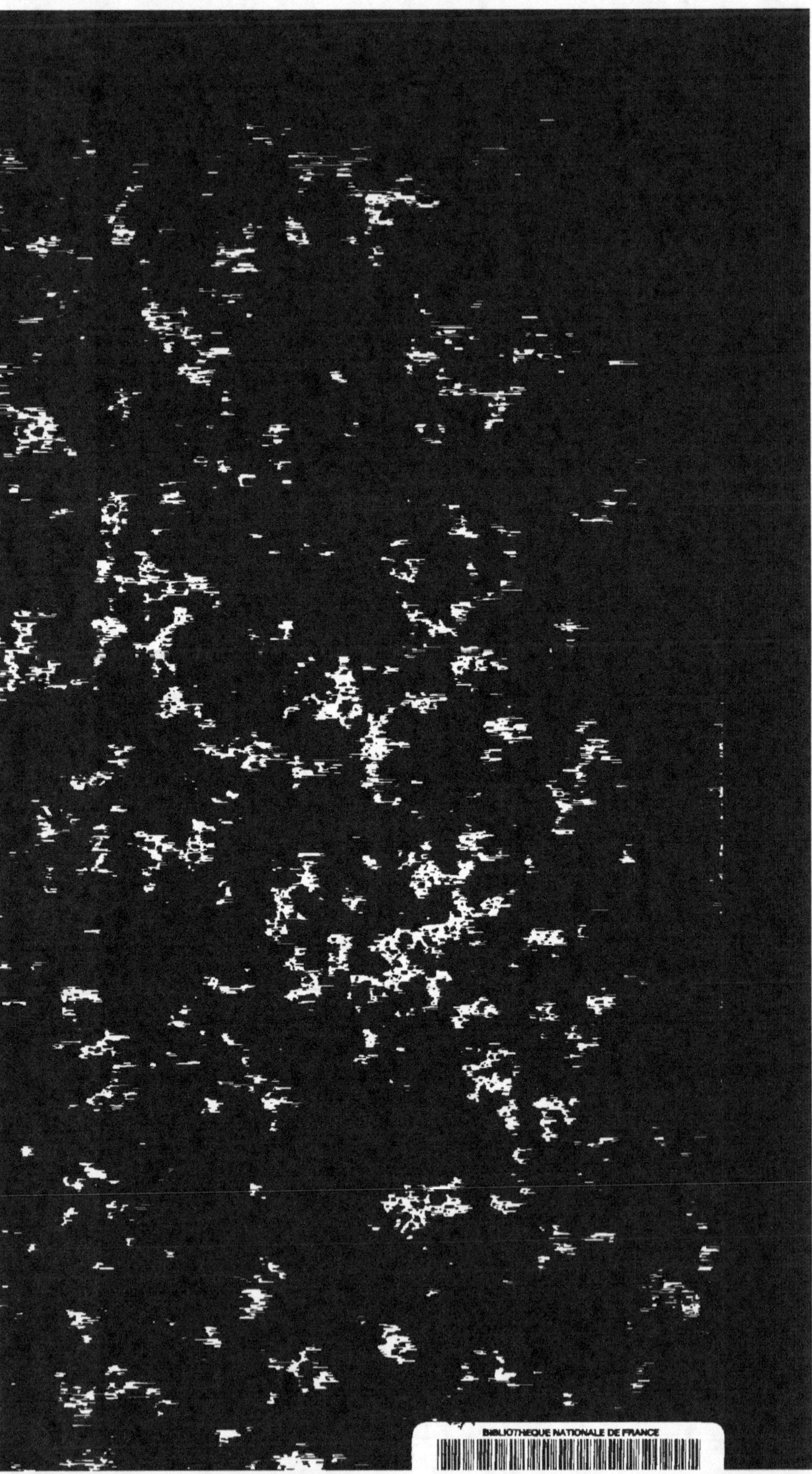